BEI GRIN MACHT SICH IHR WISSEN BEZAHLT

- Wir veröffentlichen Ihre Hausarbeit,
  Bachelor- und Masterarbeit

- Ihr eigenes eBook und Buch -
  weltweit in allen wichtigen Shops

- Verdienen Sie an jedem Verkauf

Jetzt bei www.GRIN.com hochladen
und kostenlos publizieren

Nils Fischer

Aus der Reihe: e-fellows.net stipendiaten-wissen

e-fellows.net (Hrsg.)

Band 126

I m a Mac: Kritische Überlegungen zum Verhältnis von Werbung und technologischer Innovation am Beispiel des Apple Kults

GRIN Verlag

Bibliografische Information der Deutschen Nationalbibliothek:

Die Deutsche Bibliothek verzeichnet diese Publikation in der Deutschen National-
bibliografie; detaillierte bibliografische Daten sind im Internet über http://dnb.d-
nb.de/ abrufbar.

Impressum:

Copyright © 2010 GRIN Verlag GmbH
Druck und Bindung: Books on Demand GmbH, Norderstedt Germany
ISBN: 978-3-640-96483-3

Dieses Buch bei GRIN:

http://www.grin.com/de/e-book/175410/i-m-a-mac-kritische-ueberlegungen-zum-
verhaeltnis-von-werbung-und-technologischer

GRIN - Your knowledge has value

Der GRIN Verlag publiziert seit 1998 wissenschaftliche Arbeiten von Studenten, Hochschullehrern und anderen Akademikern als eBook und gedrucktes Buch. Die Verlagswebsite www.grin.com ist die ideale Plattform zur Veröffentlichung von Hausarbeiten, Abschlussarbeiten, wissenschaftlichen Aufsätzen, Dissertationen und Fachbüchern.

Besuchen Sie uns im Internet:

http://www.grin.com/

http://www.facebook.com/grincom

http://www.twitter.com/grin_com

Facharbeit
im Seminarfachkurs „Welt verstehen – Welt gestalten"

I'm a Mac -
Kritische Überlegungen zum Verhältnis
von Werbung und technologischer
Innovation am Beispiel des Apple Kults

Verfasser: Nils Fischer

Bearbeitungszeit: 6 Wochen
Abgabetermin: 5. März 2010
abgegeben am: 1. März 2010

1. Inhaltsverzeichnis

2. Vorwort

Es ist kein Geheimnis, dass Apple vor allem mit dem iPod zu unglaublich großer Beliebtheit gelangt ist. In nur wenigen Jahren ist es dem Unternehmen aus Cupertino, Kalifornien gelungen, den zuvor kaum vorhandenen Markt für mobile Musikspieler fast vollständig zu übernehmen und das Bild des modernen Menschen um ein Paar weiße Ohrhörer zu ergänzen.

Ähnliches hat Apple mit seinen anderen Produkten vollbracht: Zusammen mit dem iPod wurde die zugehörige Software iTunes so populär, dass sie heute die verbreitetste Medien-Verwaltungssoftware und konkurrenzlos den größten online Musikmarktplatz darstellt. Das iPhone erweiterte den Begriff des Smartphones um ein völlig neues Konzept sodass es Apple sogar die Mobil-Branche von Nokia übertreffen ließ, vergleicht man die Umsätze. Und das MacBook Pro dominiert schon seit Jahren den Notebookmarkt seiner Preisklasse.

Keine andere Firma kann eine so große Fangemeinde und Internet-Community vorweisen wie Apple - mit Menschen, die sich häufig mit diesem Unternehmen als Teil ihrer Persönlichkeit identifizieren und mit fanatischen Fans eines Popstars verglichen werden können.

Doch wie gelingt es Apple, einen derartigen Kultstatus zu erreichen?

In dieser Facharbeit beschäftige ich mich mit der Frage, ob die unglaubliche Beliebtheit der Apple-Produkte aus technologischer Sicht wirklich gerechtfertigt ist - immerhin werden sie als revolutionär und zukunftsweisend gepriesen - oder ob Apples Erfolg nur auf geschickter Werbetechnik und Marketing beruht.

Ist ein iPhone das magische und ultimative Kommunikationsgerät des 21. Jahrhunderts, als das es beschrieben wird, oder nur ein Handy?

Wie schafft es Apple, dass sogar die ARD von seiner aktuellen Produktankündigung am 27. Januar 2010 berichtete?

Zur Beantwortung dieser Fragen werde ich mich mit den 3 wichtigsten Aspekten der Apple-Erfolgsgeschichte auseinandersetzen: Dem unternehmenspolitischen, soziokulturellen und technologischen Aspekt. Doch zu Beginn möchte ich mich zunächst an Sie wenden, wenn sie ein Apple-Produkt besitzen. Bitte versuchen Sie einmal kritisch zu hinterfragen:

Kann es wirklich mehr oder sieht es nur besser aus?

3. Geschichte

Zum Verständnis von Apples Leitlinien und Image gegenüber der Öffentlichkeit ist es zuallererst essentiell, die Geschichte des Unternehmens in seinen Grundzügen zu kennen. Als in den 1970er Jahren die Computertechnik immer leistungsfähiger wurde und die ersten Heimcomputer populär zu werden begannen, bildeten sich weltweit eine Reihe von Unternehmen um von dieser neuen Entwicklung zu profitieren. Heutige Konzerne wie Intel (1968), Microsoft (1975) und Sun Microsystems (1982) entstanden und auch Steve Jobs und Steve Wozniak, damals 21 und 26 Jahre alt, beschlossen 1976 zusammen mit Ronald Wayne in dieses Geschäft einzusteigen und die Apple Computer Company zu gründen. Letzterer verließ die Firma jedoch schon wenige Monate später.

Während die beiden verbliebenen Gründer zunächst nur mäßigen Erfolg mit ihrem ersten Heimcomputer, dem Apple I, verzeichnen konnten, gelang ihnen der Durchbruch schon 1977 und sie konnten mit dem Apple II über 2 Millionen verkaufte Geräte erreichen. Zu dieser Zeit besaßen die PCs (Personal Computer) noch keine graphische Benutzeroberfläche (GUI), sondern wurden über eine angeschlossene Tastatur kommandozeilenorientiert gesteuert. An der Einführung und Verbreitung eben dieses Systems der graphischen Benutzeroberfläche bei Heimcomputern ist Apple mit dem 1984 erschienenen ersten Computer der Macintosh-Produktreihe maßgeblich beteiligt und prägt mit vielen Symbolen und Metaphern (wie beispielsweise der „Schreibtisch" und der „Papierkorb") noch heute unser Verständnis eines Betriebssystems. Trotz dieser Erfolge gelang es Apple nicht, seine dominante Stellung am Markt zu halten und IBM eroberte mit dem ersten Betriebssystem von Microsoft, MS-DOS, rasant den internationalen Computermarkt.

Für Apple folgte eine schwere Krise, auch bedingt durch den Weggang von Steve Jobs 1985, der kurz darauf das Unternehmen NeXT Computer gründete. Erst 1996 gelang es Apples damaligem Geschäftsführer Gil Amelio durch die Übernahme von NeXT den Konkurs abzuwenden und die Zukunft des Unternehmens zu sichern. Kurz darauf, im Jahr 1997, wurde Steve Jobs nach Amelios Entlassung wieder zum CEO (Chief Executive Officer) ernannt und führt das Unternehmen seither an. Nach seiner Rückkehr zu Apple hat er begonnen, die Produktpalette grundlegend umzustrukturieren und die heute bekannten Apple-Produkte einzuführen. Zunächst verstand sich Apple noch als Computerfirma und versuchte mit 4 neuen Modellreihen den Marktanteil der Apple-Computer zu erhöhen, die das Angebot seitdem in zwei Bereiche (mobile und stationäre PCs) mit jeweils zwei Preisklassen (normale und professionelle Anwender) einteilen.

Den wirklich großen Erfolg erreichte Apple jedoch erst 2001 mit der Einführung des iPods und der zugehörigen Software iTunes, mit der Steve Jobs begann, das Unternehmen in Richtung der Entertainmentbranche zu lenken. Die Beliebtheit dieses mobilen Musikspielers wuchs rapide an und ließ Apple im September 2003 den einmillionsten iPod verkaufen. In den folgenden Jahren wurden viele neue Versionen und Verbesserungen des iPods veröffentlicht und der Fokus des Unternehmens richtete sich immer mehr auf die Lifestyle-Sparte.

2007 stellte Steve Jobs das iPhone als das nächste innovative Mobilgerät vor und führte den Wandel von der Computerherstellung zur Unterhaltungselektronik fort. In demselben Jahr strich Apple sogar den „Computer" aus seinem offiziellen Namen „Apple Computer Inc.". Mit der Vorstellung des iPads am 27. Januar diesen Jahres, welches ebenso wie der iPod als mobiler Musikspieler und das iPhone als innovatives Smartphone den Markt als Tablet-PC revolutionieren soll, besiegelte Jobs den Kurswechsel Apples und konstatierte:

> „Apple is a mobile devices company. That's what we do!" (Videomitschnitt der Produkt-
> präsentation des iPads am 27.1.2010, Steve Jobs, 0:04:32)

4. Unternehmenspolitischer Aspekt

4.1 Apples Unternehmensleitbild (Corporate Identity)

Die Corporate Identity eines Unternehmens legt fest, wie sich eine Firma in der Öffentlichkeit präsentiert. Ein Außenstehender und potenzieller Kunde soll dieses Unternehmen als einheitliches Ganzes wahrnehmen und ihm eine klar definierte Identität zuordnen. So bildet er sich einen Eindruck von dem Konzern, behält ihn in Erinnerung und entwickelt eine Einstellung zu ihm - ein Vorgang, der mit dem Kennenlernen einer Person vergleichbar ist, die einen möglichst sympathischen Eindruck hinterlassen möchte.

Die Corporate Identity setzt sich sowohl aus visuellen Eindrücken (Corporate Design), als auch aus den Handlungen (Corporate Behaviour) und Kommunikationsformen (Corporate Communication) des Unternehmens zusammen, die es publiziert. Zu den visuellen Aspekten zählen beispielsweise Namen, Logo, Gestaltung der Verkaufsräume und Onlineauftritt, während die Corporate Communication Öffentlichkeitsarbeit, Werbung und andere Verlautbarungen und das Corporate Behaviour u.a. das Verhalten gegenüber Mitarbeitern, Kunden, der Konkurrenz umfasst.

4.1.1 Visueller Eindruck und Produktdesign

Sämtliche von Apple vertriebenen Produkte, publizierten Materialen und alles andere, was mit dem Unternehmen in Verbindung steht, folgt ausnahmslos bestimmten, festgelegten Design-Richtlinien, die mit einem Wort zusammengefasst werden können: **„simplicity"**.

Diesem Konzept bleibt Apple in allen Belangen treu, sei es bei der Benutzung des Apple-Betriebssystems Mac OS X, dem Bestellvorgang im Apple Online Store oder beim Bedienkonzept eines iPods oder iPhones. Für Entwickler von Programmen für Apples Plattformen schreibt der Konzern sogar schon seit der ersten graphischen Benutzeroberfläche im ersten Macintosh 1984 sog. Human Interface Guidelines vor, in denen beispielsweise die

Platzierung von Steuerelementen geregelt wird um die Programme zur leichteren Bedienung zu vereinheitlichen.

Auch die Gestaltung aller von Apple veröffentlichter Produkte folgt diesem Grundsatz der dezenten, eleganten Einfachheit. Während die Farbwahl immer auf zwei Farben beschränkt ist, findet man ebenfalls immer wiederkehrende Formen und Designelemente bei allen Geräten. So ist der Bildschirm beispielsweise sowohl bei iPhone, iPod Touch, iPad als auch bei fast allen Macs von einem schwarzen Rahmen mit chromefarbenem Rand umfasst.

Abb. 1: iPad, MacBook Pro und iMac

Durch dieses einheitliche Gestaltungskonzept kann ein Apple-Produkt meist auf einen Blick als solches identifiziert werden. Außerdem vermittelt es einen Eindruck von edler Eleganz, Einfachheit und Qualität, der den Betrachter sofort anspricht.

4.1.2 iName - Begrifflichkeiten

iPod, iPhone, iMac, iWork, iTunes - sehr viele Geräte- und Softwarenamen von Apple beginnen mit einem kleingeschriebenen i, das wie das englische „I" (gesprochen: „ai", DE: „Ich") ausgesprochen wird. Einerseits können dadurch viele Wortspielereien entstehen, da das Anhängen eines englischen Verbs in gesprochener Form ein vollständiger Satz bildet (Bsp.: „iWork", DE: „Ich arbeite."), andererseits wird mit dieser Form der Namensgebung aufgrund der großen Bekanntheit des iPods sofort die Firma Apple assoziiert. Dass viele private Entwickler diesen Stil bei der Benennung ihrer eigenen Programme für Apple Plattformen übernehmen, erhöht diese Wirkung noch weiter.

4.1.3 Marktverhalten und Konkurrenzkampf

Seit seiner Gründung nimmt Apple eine besondere Position im internationalen Computermarkt ein, der von Microsoft mit über 90 % Marktanteil dominiert wird. Entsprechend Apples Slogan „Think Different" wird mit dem Mac eine Alternative zum Standard angeboten, wodurch das Image des Unternehmens stark geprägt wird. Durch die Vermeidung von Aktionen, die in der Öffentlichkeit einen negativen Eindruck hinterlassen, gelingt es Apple die Sympathie nicht zu verlieren, die das Unternehmen durch seine Position als Revolutionär, Innovator und Außenseiter gegenüber dem Marktführer Microsoft innehat. So versuchte Apple beispielsweise stets, aufsehenerregende Konkurrenzkämpfe zu vermeiden und ließ andere Konzerne wie IBM Kampagnen gegen Microsoft führen, um selbst als die „sympathische Alternative" zur Verfügung zu stehen.

4.2 Marketing

4.2.1 Steve Jobs' Position im Vergleich mit anderen CEOs

Für viele ist der Name Steve Jobs untrennbar mit Apple verknüpft, während beispielsweise Steve Ballmer, der CEO von Microsoft, kaum jemandem ein Begriff ist. Kaum treten Gerüchte auf, Jobs sei erkrankt, sinkt Apples Aktienkurs rapide. Dies war beispielsweise Anfang 2009 zu beobachten als er bekannt gab, sich krankheitsbedingt für einige Zeit zurückziehen zu müssen.

Der Grund für diese starke Fokussierung auf einen einzigen Mann an der Spitze des Unternehmens geht wieder auf Apples Gesamtkonzept zurück, das dem Konzern eine eigene Identität verleiht und ihn stark personifiziert. Um diesem Bild ein Gesicht zu geben, fungiert Steve Jobs als die Person, die Apple nach außen hin repräsentiert und bündelt so die durch die Corporate Identity erzeugte emotionale Bindung.

4.2.2 Produktpalette

In jedem der Bereiche des Marktspektrums, den Apple mit einem Produkt besetzt, bietet das Unternehmen nur eine einzige Produktlinie an, wodurch der Eindruck suggeriert wird, dass eben dieses Produkt den bisher vorhandenen Markt in innovativer Weise in sich vereint und ihn neu definiert. Dadurch werden Geräte der Konkurrenz als qualitativ minderwertig dargestellt.

4.2.3 Ankündigungen neuer Produkte

Die Veranstaltung zur Ankündigung eines neuen Produktes kommt einem Ritual gleich, dessen Struktur sich jedes mal wiederholt. So ist es fast immer Steve Jobs, der das neue Gerät oder die neue Software präsentiert, wobei dieser einen schwarzen Pullover, Jeans und Turnschuhe trägt und bestimmte Wörter wie „incredible", „amazing" und „unbelievable" auffallend häufig benutzt (Vgl. Videomitschnitt der Produktpräsentation des iPad am 27.1.2010). Dieser Ritualcharakter unterstützt das Vertrauen, das Fans gegenüber dem Unternehmen aufgebaut haben und generiert im Vorfeld eine starke Erwartungshaltung, die dazu führt, dass sich schon Monate vor dem vermuteten Termin die ersten Gerüchte über Apples angebliche neue Produktankündigung verbreiten (siehe dazu auch *4.3.2 Werbung durch unabhängige Institutionen und die Internet Community*).

4.3 Werbung

4.3.1 TV-Werbespots

Obwohl sie hierzulande nicht so häufig im Fernsehen gezeigt wurden wie beispielsweise in den USA sind Apples Werbespots der Kampagne „I'm a Mac" (oder auch „Get a Mac") in Deutschland weitgehend bekannt.

Abb. 2: Get a Mac Folge 33: „Misprint"

Abb. 3: Get a Mac Folge 34: „Now What?"

Zunächst fällt auf, dass das schon beschriebene Prinzip der einfachen und dezenten Gestaltung anhand des gleichförmig weißen Hintergrundes und der sich jedes mal wiederholenden Struktur in ausgeprägter Form wieder aufgegriffen wird. In jeder Folge stellt sich zu Beginn der locker gekleidete, sympathisch wirkende Mann auf der rechten Seite mit „Hello, I'm a Mac" vor, womit er sich als Repräsentant Apples zu Erkennen gibt, worauf der formal erscheinende Mann im Anzug links „And I'm a PC" erwidert. Dieser stellt offensichtlich Apples Betriebssystem-Konkurrenten Windows dar. Im darauf folgenden Dialog werden meist Windows-PC und Mac auf unterhaltsame Weise miteinander verglichen, wobei der PC häufig als frustrierend, fehleranfällig und virengefährdet charakterisiert wird, während sich der Mac als „number one in customer satisfaction" (u.a. in Folge 66: „Teeter Tottering" [00:14]) und dem PC technisch weit voraus darstellt.

Anhand der Art, wie Apple sich dem Betrachter des Werbespots in Form einer Person präsentiert, kann Apples Selbstdarstellung und der Eindruck auf die Öffentlichkeit, den das Unternehmen erreichen will, ideal extrahiert werden. Der Schauspieler Justin Long, der den Mac spielt, erreicht unter anderem durch seine lässige, aber gepflegte Kleidung und die lockere Haltung eine sehr sympathische Ausstrahlung, die durch seine Rolle als Mac-Repräsentant auf Apple projiziert wird. Da die Werbekampagne gegen die Konkurrenz Microsoft Windows angelegt ist und die meisten Spots Themen wie dessen komplizierte Bedienung, häufige Abstürze oder fehlende Entertainmentfunktionen (z.B. Folge 11: „Angel/ Devil", Folge 9: „Work vs. Home") fokussieren, kann sie eindeutig als sog. vergleichende Werbung identifiziert werden. Geschickt ist in diesem Zusammenhang, dass der eigentlich aggressive Charakter dieser Werbeart vom Betrachter kaum wahrgenommen wird. Ein Grund dafür ist, dass der Konkurrenz häufig unlauteres Verhalten unterstellt wird. So ist beispielsweise in Folge 60: „Surprise" der PC-Repräsentant zu sehen, der als Mac verkleidet versucht, eine Kundin für Windows anzuwerben. Ähnliches passiert in Folge 33: „Misprint", in der dieser am Telefon seine Stimme verstellt um als Mac erkannt zu werden. Außerdem spielt das Verhalten der beiden Personen zueinander eine große Rolle, da sie ja offensichtlich Konkurrenten sind. Da der PC des Öfteren versucht, den Mac zu hintergehen oder ihm die Schuld an diversen Problemen gibt, wie in Folge 19: „Goodwill" oder Folge 38: „Breakthrough", der Mac jedoch stets freundlich, bescheiden und kameradschaftlich agiert, identifiziert sich der Zuschauer eher mit letzterem und entwickelt Sympathie zur Personifizierung Apples und damit auch zu dem Unternehmen und seinen Produkten.

4.3.2 Werbung durch unabhängige Institutionen und die Internet Community

Am 27.1.2010 hat Apple in San Francisco das neue „iPad" vorgestellt - und obwohl das Unternehmen bisher nicht auf herkömmliche Werbemittel wie Plakat- oder TV-Werbung zurückgegriffen hat, ist das neue Gerät bereits weitgehend bekannt: jeder, den ich darauf angesprochen habe, hat schon von Apples neuem Tablet-Computer gehört.

Der Grund für diesen hohen Bekanntheitsgrad ist natürlich in den Medien zu finden, die von der Bevölkerung täglich konsumiert werden. Dabei gehören hauptsächlich Zeitungen, Magazine, TV und Internet zu den Medien, die als Hauptinformationsquellen eines durchschnittlichen Bürgers gelten.

Da ich am Tag der besagten Ankündigung zufällig gerade auf Skifahrt war, erwartete ich eigentlich, mich erst nach meiner Rückkehr darüber informieren zu können. Doch durch einen weiteren Zufall liefen in einem kleinen Fernseher im Essraum unserer Unterkunft, in dem ich mich zu der Zeit befand, gerade die österreichischen Nachrichten des Senders ORF und ich bemerkte erstaunt, dass die Nachrichtensprecherin Apples gerade vorgestelltes iPad erwähnte und kurz darüber berichtete. Als wir drei Tage später auf der Rückfahrt eine Raststätte an der Autobahn besuchten, konnte ich eine Menge ausführliche Berichte in verschiedenen Zeitungen entdecken.

So erschienen beispielsweise in der Frankfurter Allgemeinen Zeitung (FAZ) nicht weniger als 20 Artikel mit dem iPad als Hauptthema in den 12 Tagen vom 26.1. bis 6.2.2010 mit Titeln wie „Wie das iPad unser Leben verändert" (31.1.2010), während die Frankfurter Rundschau Berichte wie „Tablet-Computer: Das kann das iPad" (27.1.2010) oder „iPad von Apple: Kann Steve Jobs zaubern?" (28.1.2010) publizierte und die Bild am Sonntag am 31.1.2010 im Artikel „Haben wir bald alle dieses Brett vorm Kopf?" behauptete „Der 27.1.2010 wird als Revolutionstag in die Geschichte eingehen (...)". Die Bild Zeitung beschrieb das neue Gerät am 29.1.2010 ausführlich im Artikel „Das kann das neue iPad von Apple" und bezeichnete Steve Jobs am gleichen Tag als „iKone des 21. Jahrhunderts" (Bild Zeitung, 29.1.2010, „Apple-Chef Steve Jobs"). Auch die Fernsehsender sparten nicht mit Berichten über die Produktankündigung, sodass das iPad auch in den Nachrichten der Fernsehsender wie beispielsweise ARD (Vgl. ARD nachtmagazin am 28.1.2010) und SAT1 zu sehen war.

Da davon auszugehen ist, dass all diese Journalisten, die von Apples neuem Computer schwärmten, für ihre Artikel nicht von Apple bezahlt wurden, stellt sich die Frage, wie ein Tablet-Computer eine so riesige Aufmerksamkeit in den Medien erreichen konnte - und es noch immer tut.

Der wichtigste Aspekt ist wohl die hohe Erwartungshaltung und der Spekulationsrummel, der bei neuen Apple-Produkten schon Monate vor der offiziellen Produktankündigung beginnt. Scheinbar unbeabsichtigt treten sog. „Informationslecks" auf, also eigentlich geheime firmeninterne Informationen, die ein meist anonymer Informant verschiedenen Bloggern oder bekannten Newsseiten im Internet zuspielt. Dabei kann es sich um Fotos von angeblichen Produktteilen, technische Details oder andere Informationen handeln, die mit dem entsprechenden Produkt in Verbindung stehen sollen. Es ist sehr wahrscheinlich, dass Apple diese Werbetechnik praktiziert und so die riesige Gerüchtespekulation im Internet immer weiter anheizt, sodass das Thema auch für Journalisten einen immer höheren Stellenwert bekommt. Ist es schließlich zwischen Schlagzeilen wie Obamas Rede zur Lage der Nation angelangt, die ebenfalls am 27.1.2010 stattfand, hat Apple das Ziel erreicht und suggeriert auch für Zuschauer eine internationale Bedeutung, die es mit weltweiten politischen Ereignissen auf eine Ebene hebt.

Ein weiterer nicht zu unterschätzender Faktor ist in diesem speziellen Fall wohl auch, dass Apple mit seinem neuen Produkt ein ganz neues Medienkonzept einführen will, da mit dem iPad auch eine Software ausgeliefert wird, die es dem Benutzer ermöglicht, auf dem Gerät Bücher und Zeitungen zu lesen. Die zahlreichen Verlage, die in den vergangenen Jahren zurückgehende Abonnementzahlen und Umsatzeinbrüche zu beklagen hatten, sehen in diesem neuen Produkt eine Chance, neue Leser zu gewinnen, was sie darin bestärkt, positiv darüber zu berichten. Mit dem iPad, schrieb eine Autorin der New York Times, „Apple may be giving the media industry a kind of time machine - a chance to undo mistakes of the past." (New York Times, 25.1.2010, „With Apple Tablet, Print Media Hope for a Payday", Z. 2ff)

Dass jedoch nicht ausschließlich positive Aspekte beschrieben werden, sondern sich auch viele kritische Stimmen melden, erhöht den Effekt nur noch, den Apple durch den massiven Medienauftritt erreicht. Anhand dieses „Perfektionsmangels" des neuen Produkts lässt sich außerdem eine Marketingstrategie hervorragend untersuchen, die das Unternehmen aus Cupertino schon beim iPhone sehr erfolgreich angewendet hat. Dabei handelt es sich um die gezielte Vorenthaltung von Funktionen, die für eine spätere Produktgeneration aufgespart werden. Da das iPad beispielsweise ohne Kamera vorgestellt wurde und kein Multitasking unterstützt, nimmt der Medienhype nicht etwa ab, wie man es nach der offiziellen Ankündigung des betreffenden Produktes erwarten würde, sondern setzt sich betreffend der Spezifikationen des Gerätes fort, die von Apple noch nicht preisgegeben wurden. Außerdem erschließen sich so weitere Einnahmen, die die entsprechenden Funktionen bei späteren Produktgenerationen generieren.

5. Soziokultureller Aspekt

5.1 Der moderne Mensch

Es liegt in der Natur der Menschen, sich mit anderen zu vergleichen und zu versuchen, sie zu dominieren. Dieser Wunsch ist zwar unterschiedlich stark ausgeprägt, jedoch besteht immer ein Bedürfnis, anderen gegenüber den eigenen gesellschaftlichen Status zu signalisieren oder die Illusion eines höheren aufzubauen. Abgesehen von Faktoren wie Bildung und Verhalten ist es vor allem die Präsentation von Statussymbolen wie Kleidung, Frisur und Gegenständen (z.b. Uhr, Handy), das diesem Zweck dient.

Der iPod von Apple erfüllt dieses Bedürfnis optimal, da er einerseits durch einen akzeptablen Preis für viele erschwinglich ist, der Besitzer sich jedoch andererseits auch von Produkten unterer Preiskategorien abgrenzt. Durch diese bewusste Entscheidung für ein teureres Produkt wird ein Eindruck von Wohlstand generiert. Das Design des Gerätes ist so konzipiert, dass es den geschätzten Wert des Produktes in den Augen des Betrachters noch hebt, da es edel, elegant, modern und qualitativ hochwertig, jedoch durch die dezente und einfache Gestaltung nicht angeberisch wirkt.

5.2 Apple Kult

5.2.1 Mentalität der Apple-Fans

Die ausgeprägte Personifizierung, die Apple durch seine Corporate Identity erreicht, führt zu starker Sympathieentwicklung vieler Menschen gegenüber dem Unternehmen. Hauptsächlich technisch begeisterte Menschen, aber beispielsweise auch Designer und auf Individualität fokussierte Menschen, die sich vom „Mainstream" abgrenzen möchten, fühlen sich durch Apples suggeriertes Selbstbild als Revolutionär mit innovativen Techniken gegenüber den Standardprodukten der Konkurrenz zu dessen Geräten hingezogen. Dabei spielt weniger die wirkliche technologische Überlegenheit eine Rolle, sondern vielmehr der Glaube daran und die Überzeugung, mit Apple-Produkten die modernsten und zukunftsweisenden Geräte zu besitzen, die momentan erhältlich sind. Auch Apples Image als Alternative zum Betriebssystem Microsoft Windows, das in Deutschland noch immer auf über 90 % der PCs installiert ist, und dem Wunsch, sich von der Allgemeinheit abzugrenzen, führen zum Fokus auf Apple.

5.2.2 Vergleich mit religiösem Fanatismus

Das Besondere an Apples Fangemeinschaft im Vergleich zu den Kunden anderer Firmen ist, dass häufig eine Verbundenheit auf tiefer emotionaler Ebene besteht, sodass sich jene Fans von leichtester Kritik sofort persönlich angegriffen fühlen und versuchen, das Unternehmen rigoros zu verteidigen. So beschwerte sich ein Journalist:

„Wann immer ich aber über Geräte aus Cupertino berichte, kann ich sicher sein, dass mich die unflätigsten, unfreundlichsten und unqualifiziertesten Rückmeldungen überhaupt erreichen." (Spiegel Online, 30.1.2002, „Apple-Fans: Macht Euch doch mal locker!")

Der Artikel „Wütende Apple-Fans: Rettet die Apfeltaste!", der am 15.8.2007 bei Spiegel Online erschien, zeigt, dass sich dieses Aufbegehren sogar gegen Apple selbst richten kann. Als 2007 neue Tastaturen für Macs ohne das -Zeichen auf der „Command"-Taste erschienen, beschwerten sich viele Fans über eine „Aufgabe von Identität. (...) Schließlich sei Apple eine Marke, an der "das Herz hängt"." (Spiegel Online, 15.8.2007, „Wütende Apple-Fans: Rettet die Apfeltaste!").

Dieser Umgang ist mit religiösem Glauben und dem Mitgliederverhalten einer Sekte vergleichbar, die ebenfalls kaum Kritiken zulassen und meist ohne Reflexion hinter ihrer Gemeinschaft stehen. Parallelen wie der Fokus auf eine Person als Haupt des Unternehmens und der in *4.2.3 Ankündigungen neuer Produkte* beschriebene Ritualcharakter der Produktankündigungen machen diesen Vergleich auch in vielen Publikationen in Medien populär. In o.g. Artikel bei Spiegel Online wird beispielsweise der Ausdruck „Apfeljünger" verwendet, während die Unternehmensführung als die „Götter von Cupertino" bezeichnet wird und die Süddeutsche Zeitung Steve Jobs am 27.1.2010 als „Apple-Prophet" betitelte (Süddeutsche Zeitung, 27.1.2010, „Auch die Medienkonzerne werden gläubig"). Und auch dieses Foto des Apple Stores in der Einkaufspassage Carrousel du Louvre in Paris erinnert durch den symmetrischen Aufbau und den Symbolgehalt stark an ein religiöses Gebäude:

Abb. 4: Apple Store Paris

6. Technologischer Aspekt

6.1 Apple-Produkte im Vergleich zur Konkurrenz

6.1.1 Leistungsfähigkeit

Zur objektiven Beurteilung der technologischen Güte eines Produktes, sollte man zunächst dessen messbare Spezifikationen untersuchen. Am Beispiel des iPhones vergleiche ich nachfolgend die wichtigsten Daten mit denen der aktuellen Konkurrenzprodukte in der Smartphonebranche. Repräsentativ habe ich dafür das HTC HD2 und das Google nexus one ausgewählt, die beide Anfang 2010 veröffentlicht wurden und zu den technisch fortschrittlichsten Geräten der Branche gehören. Zu beachten ist an dieser Stelle, dass Apples iPhone 3Gs bereits seit Mitte 2009 verfügbar ist und eine neue Produktgeneration für den Sommer diesen Jahres erwartet wird. Vergleiche der Computer der iMac und MacBook Produktreihen werde ich an dieser Stelle nicht weiter anstellen, da diese zum einen durch ihre Komplexität und die sehr stark differierenden Betriebssysteme einen sehr umfangreichen Vergleich benötigen und da sie außerdem keinen solchen Medienhype auslösen wie die Kultgeräte iPod und iPhone.

Abb. 5: Apple iPhone 3Gs, Google nexus one, HTC HD2

Die neueren Smartphones von Google und HTC besitzen einen mit 1GHz deutlich höher getakteten Prozessor als das iPhone 3Gs mit nur 600 MHz und auch der Arbeitsspeicher ist mit 512MB (Google nexus one) und 448MB (HTC HD2) fast doppelt so groß wie der 256MB große RAM des iPhones. Auch dessen Display unterliegt mit einer Bildschirmdiagonalen von 3,5" und 320x480 Pixel den größeren und höher auflösenden Bildschirmen des Google (Diagonale: 3,7", Auflösung: 480x800) und HTC (Diagonale: 4,3", Auflösung: 480x800) Smartphones. Die beiden Konkurrenzgeräte können mit 5 Megapixeln auch eine bessere Kamera als das iPhone mit 3 Megapixeln vorweisen und besitzen zusätzlich einen LED-Blitz. Nur bei der Akkulaufzeit kann das iPhone mit den beiden neueren Geräten mithalten und übertrifft sie sogar bei einigen Aspekten wie der Audiowiedergabe (30 h gegenüber 12 h und 20 h). Obwohl das iPhone mit 16GB oder 32GB einen sehr viel höheren internen Speicher als der kleine 512MB Flash Speicher der beiden anderen Smartphones besitzt, ist es nicht wie diese per Speicherkarte erweiterbar. GPS-Empfänger und ein Kompass ist jedoch in allen integriert. (alle Angaben von den Internetseiten: Apple iPhone 3Gs - Technische Daten, Google nexus one - Technische Daten, HTC HD2 - Technische Daten)

Beachtet man den zeitlichen Abstand von ungefähr einem halben Jahr zwischen den Veröffentlichungen und das „Mooresche Gesetz" - 1965 formulierte Gordon Moore das voraussichtlich bis Mitte des 2020er Jahrzehnts gültige Gesetz, die Anzahl der Schaltkreis-Komponenten auf einem Computerchip und somit der technische Entwicklungsstand verdopple sich ungefähr alle achtzehn Monate - dann können diese drei Geräte als ungefähr gleichwertig angesehen werden. Das iPhone dominiert im technischen Stand jedenfalls keineswegs die anderen Geräte der Branche.

Ähnliche Ergebnisse zeigt auch ein Vergleich der mobilen Musikspieler von Herstellern wie LG oder Samsung mit Apples iPod-Modellen, auch wenn sich die technologische Untersuchung hier auf nur wenige Kriterien beschränken kann und der Hauptaspekt auf der Bedienung liegt, die im folgenden analysiert wird.

6.1.2 Bedienung

Die visuelle Gestaltung bewerten verschiedene Menschen natürlich unterschiedlich, es ist jedoch allgemeiner Konsens, dass die Bedienung möglichst intuitiv und einfach strukturiert sein soll. Bei einer optimalen Benutzerführung weiß die Person zu jeder Zeit ohne nachzudenken, wo sie für die gewünschte Funktion drücken muss.

Betrachtet man zunächst den äußeren Aufbau der drei oben verglichenen Smartphones, findet man bei Googles nexus one allein sieben Knöpfe. Abzüglich der essentiellen Einschalt- und Standbytaste und des Lautstärkereglers, sind vier Tasten und ein kleiner Steuerball vorhanden, die zur Menünavigation nötig sind. Das Gerät von HTC hat alle Steuerelemente in einer Leiste an der Gehäuseunterseite vereint, zählt aber auch fünf Tasten, mit denen das Smartphone gesteuert werden soll, während das iPhones nur eine einzige Taste vorweist, die der Navigation dient. Abgesehen von der Standbytaste und dem Lautstärkeregler ist ein Knopf vorhanden, mit dem das Klingeln des Geräts schnell ausgeschaltet werden kann und eben dieser eine Home-Button.

Die normale Bedienung der drei Smartphones gestaltet sich also sehr unterschiedlich. Obwohl alle drei einen Touchscreen haben, wird dieser nur vom iPhone vollständig genutzt, wobei der Home-Button immer dazu genutzt werden kann, das aktuelle Programm zu beenden und zum Startbildschirm zurückzukehren. Die beiden anderen Geräte müssen durch eine Kombination von Touchscreenelementen und Tasten gesteuert werden, wobei ich persönlich nicht testen kann, ob dies zu Verwirrung führt, da ich keines der Smartphones besitze.

Die Software basiert bei jedem der Geräte auf einem anderen Betriebssystem, was sie grundlegend voneinander unterscheidet. Das HTC HD2 hat eine spezielle Version von Microsoft Windows Mobile installiert und wirbt mit einem Konzept, dass das Smartphone völlig individualisiert werden kann. Dieses „HTC Sense"-System lässt die Bedienoberfläche personalisieren, sodass sie gemäß den eigenen Prioritäten eingerichtet werden kann. Man kann also verschiedenen Programmen (genannt: „Apps"), wie dem Kalender, der Wetteranzeige oder dem Adressbuch, selbst einen Platz auf dem Startbildschirm zuweisen. Das Betriebssystem Android 2.1, das auf Googles Gerät installiert ist, kommt dem Benutzererlebnis des iPhones sehr nahe, da es ebenso wie das Apple-Handy auf vielen Apps basiert, die von einem Onlineservice heruntergeladen und im Startbildschirm ausgewählt werden können. Dabei wird der Fokus natürlich auf Googles Onlinedienste gesetzt, die sehr gut integriert sind.

Alle drei Geräte verfügen über eine Möglichkeit, weitere Apps herunterzuladen. Dabei beschränkt sich die Anzahl der verfügbaren Programme beim im HTC HD2 integrierten Windows Marketplace auf gerade einmal 800 (Vgl. CIO, 17.11.2009, „Windows Marketplace reveals fragmentation"), während im Android Market immerhin über 20.000 Apps zum Download bereitstehen (Vgl. CHIP Online, 16.12.2009, „Android Market knackt die 20.000 Apps-Marke"). Demgegenüber steht der App Store für Apples iPhone mit über 150.000 Apps, die es dem Benutzer ermöglichen, für so gut wie jede vorstellbare Aufgabe ein App zur Verfügung zu haben. Diese Möglichkeiten, die der App Store bietet, stellen den noch immer sehr großen Vorsprung gegenüber den Konkurrenzgeräten dar. Möchte man nur ein Telefon mit einigen Zusatzfunktionen wie Email oder Kalender, ist das Google- oder HTC-Handy eine sehr gute Wahl, das iPhone bietet jedoch hinsichtlich der Erweiterbarkeit ein so viel größeres Angebot, dass es andere Smartphones in dieser Hinsicht momentan noch weit übertrifft. Im Gegensatz zu den tausenden verschiedenen Geräten, die Windows Mobile oder Google Android installiert haben und dadurch die Programmentwicklung aufgrund der vielen unterschiedlichen Displaygrößen und Funktionen der Geräte stark erschweren ist es Apple gelungen, durch die sehr gute Entwicklungsumgebung und die Bereitstellung von sog. APIs (Programmierschnittstellen zum Zugriff auf Gerätefunktionen) eine riesige Entwicklergemeinde aufzubauen und den Wert des iPhones damit stark zu steigern. Vorgefertigte, einfach zu implementierende Steuerungselemente wie die Navigationsleiste oder Tabellen ermöglichen eine standardisierte Benutzerführung, die keine Verwirrung aufkommen lässt (siehe Abb. 5).

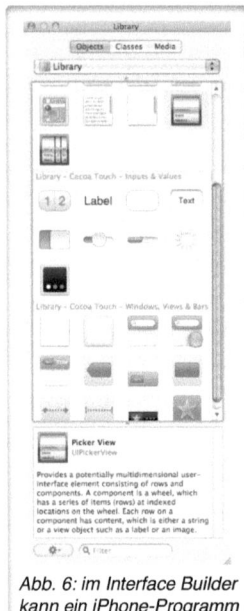

Abb. 6: im Interface Builder kann ein iPhone-Programm gestaltet werden

Diese Integration an Apples „Infrastruktur", also an die Software iTunes mit dem Music und App Store, ist auch der große Vorteil des iPods. Durch eine solche Zentralisierung der Musikverwaltung wird es dem Benutzer vereinfacht, seine Musik und andere Medien auf mobilen Geräten wie iPod und iPhone zu nutzen, auch wenn es Menschen gibt, die dies als Nachteil sehen und ihre Dateien lieber selbst verwalten.

6.2 Innovation?

6.2.1 Marktübernahme

Apple war nicht die erste Firma, die mobile Musikspieler produzierte, ebenso wenig, wie das Unternehmen aus Cupertino das Touchscreen-Handy erfunden hat. Auch Tablet-Computer gab es bereits vor der Ankündigung des iPads. Apples Erfolg resultiert also nicht aus bahnbrechenden Erfindungen. Es ist hauptsächlich sehr gute Marktkenntnis und ein unvergleichliches Gespür für die Wünsche der Kunden, durch die es Steve Jobs mit seinem Unternehmen gelungen ist, mit seinen Mobilgeräten die Märkte zu erobern. Als mobile CD-Spieler populär wurden und Konzerne wie beispielsweise Philips begannen, kleine Musikspieler zu entwickeln, die mit dem Computer verbunden und mit Musikdateien gefüllt werden konnten, erkannte man bei Apple das Potenzial, welches in diesem Konzept steckte, und begann in Folge von Steve Jobs Umstrukturierungen, an der Medienverwaltungssoftware iTunes und dem iPod zu arbeiten. Das Konzept besticht durch seine einfache Handhabung - man muss nur seine Musik-CDs von der Software importieren lassen und der iPod wird automatisch synchronisiert. Außerdem war es durch den neuen iTunes Music Store plötzlich sehr einfach, neue Musik online direkt zu kaufen ohne ein Geschäft besuchen zu müssen. Apple gelang es also innerhalb kurzer Zeit, den noch sehr neuen und wenig ausgebauten Markt für mobile Musikspieler zu übernehmen, indem zunächst das Konzept anderer Firmen übernommen, dann um ein völlig neues System erweitert und schließlich als revolutionäre, innovative Technik publiziert wurde.

Die gleiche Vorgehensweise war bei der Einführung des iPhones zu beobachten. Als große Handyproduzenten wie Nokia begannen, unausgereifte Handys mit Touchscreen mit den schon bekannten, hauptsächlich für Emails genutzten PDAs kombiniert als sog. Smartphones auf den Markt zu bringen, wurde bei Apple erkannt, dass die Steuerung eines Mobilgerätes mit dem Finger anstatt mit einem Tastenfeld oder Stift ein zukunftsfähiges Konzept darstellt. Mit einem Gerät, das die komfortable, einfache Benutzerführung des iPods und den Funktionsumfang eines Smartphones in sich vereint, hätte Apple ein weiterer Mitbewerber auf dem neuen Smartphonemarkt werden können. Doch durch die Anbindung an die schon vorhandene Software iTunes mit dem Music Store und dessen Erweiterung um den App Store erschuf Apple ein völlig neues Konzept, das das iPhone den Smartphonemarkt neu definieren ließ.

Eine ähnliche Entwicklung ist auch zur Zeit zu sehen, was den Markt der Tablet-Computer betrifft. Bisher ist er eher unausgereift und die meisten Versuche, einen Tablet-PC zu etablieren, sind gescheitert. Doch indem Apple die Vorteile eines eBook-Readers - den schon Amazon und Sony recht erfolgreich verkaufen - mit den Vorteilen eines Tablet-Computers und eines iPods kombiniert, könnte es dem Unternehmen gelingen, diese Computerart populär zu machen.

Alle Märkte in denen Apple aktiv ist, abgesehen von dem der PCs, existierten also auch schon vor der jeweiligen Produkteinführung Apples in experimenteller, unausgereifter Form. Nach Prüfung des Potenzials und anschließender Entwicklung eines Konzepts, das einerseits bestehende Ideen in einem einzigen Gerät vereint und außerdem in Apples bisherige Infrastruktur optimal integriert ist, wurde der jeweilige Markt von dem Produkt so vollständig übernommen, dass sich das entsprechende Gerät in den Augen der Kunden als das „Original" darstellt. Das entspricht insofern der Wahrheit, als dass die Konkurrenzunternehmen in der darauf folgenden Zeit aufgrund des zu Beginn technischen Vorsprungs von Seiten Apples versuchen mussten, das Konzept nachzuahmen. Da Apple allerdings die Softwarestruktur allein auf die eigenen Geräte beschränkt, ist es bisher noch keinem Konzern gelungen, auch nur ansatzweise Apples Vormachtstellung beispielsweise hinsichtlich des Appstores anzufechten.

6.2.2 Erfolgskonzepte

Es gibt einige Konzepte, die maßgeblich zu Apples Beliebtheit beigetragen haben. Dazu gehört schon seit 9.1.2001 die Medienverwaltungssoftware iTunes, die fast ein Jahr vor dem Release des ersten iPods veröffentlicht wurde. Durch dieses Programm kann der Benutzer seine Musik und andere Medien auf seinem Computer - und, was für die Verbreitung des iPods viel wichtiger war, auf seinem mobilen Musikspieler - mithilfe einer strukturierten Benutzeroberfläche verwalten. Außerdem stellt iTunes die zentrale Schnittstelle für alle Mobilgeräte Apples dar und trägt so zur einfachen Benutzerführung bei.

Eine andere wichtige Innovation, der das iPhone einen Großteil seiner Beliebtheit zu verdanken hat, ist das Multitouch-Konzept. Auf einem Touchscreen ist der Benutzer mit dieser Technik in der Lage, Befehle mittels verschiedener Fingergesten einzugeben. So kann er beispielsweise ein Foto, das auf dem Bildschirm zu sehen ist, vergrößern, indem er zwei Finger voneinander weg bewegt. Durch diese direkte Benutzerinteraktion wird eine große Authentizität erzeugt, da diese Gesten intuitiv einsetzbar sind.

Der große Vorteil des iPhones, der es von den Konkurrenzprodukten abhebt, ist die riesige Auswahl an Apps, die aus dem Appstore heruntergeladen werden können. Der Grund dafür, dass international rund 125.000 Programmierer Apps für Apples Geräte entwickeln, liegt an dem durchdachten Konzept des Appstores. Das iPhone SDK, also die Entwicklungsumgebung mit der ein Programmierer Apps schreiben kann, steht kostenlos zum Download bereit und ermöglicht Zugriff auf fast alle Funktionen des iPhones oder iPod Touch. Ist das iPhone-Programm fertiggestellt, kann es der Entwickler ohne größeren Aufwand zum Verkauf anbieten, indem er für 99 $ jährlich eine Lizenz von Apple erwirbt und seine Apps anschließend für einen beliebigen Preis zur Verfügung stellen kann. Dabei erhält der Programmierer 70 % des Gewinns. Erfolgsgeschichten von Programmierern, die quasi „über

Nacht" reich wurden, motivierten viele Privatpersonen und nun auch immer mehr bekannte Unternehmen wie Electronic Arts, ihre Anwendungen und Spiele auf das iPhone zu portieren.

7. Fazit

Jetzt stellt sich nach ausführlichen Untersuchungen wieder die Frage: Hat Apple es nun herausragenden technologischen Innovationen oder geschickten Marketingstrategien zu verdanken, dass Produkte wie der iPod und das iPhone sich einer solchen Beliebtheit erfreuen und sind deren vergleichsweise hohe Kosten wirklich gerechtfertigt?

Betrachtet man die Ergebnisse der technologischen Vergleiche wird klar, dass Apple den jeweiligen Markt zwar zu Beginn sowohl in technologischer als auch benutzerfreundlicher Hinsicht eindeutig dominierte, andere Unternehmen diese Vorsprünge jedoch schnell aufholten und nun zumindest gleichwertige Produkte anbieten. Aktuelle Smartphones können mit dem iPhone genauso mithalten wie andere Musikspieler mit dem iPod und bieten sogar häufig bessere technische Daten. Trotzdem stehen viele von Apples Innovationen noch immer unangefochten an erster Stelle vor ihren Mitbewerbern und es steht außer Frage, dass die Geräte ihre Märkte nachhaltig verändert und neu definiert haben. Vielversprechende Konzepte, neuartige und revolutionär wirkende Funktionen und eine auf die Kunden optimal abgestimmte Produktgestaltung führten zu einer rasanten Übernahme und Expansion der neuen, unausgereiften Märkte.

Es wäre Apple jedoch nicht gelungen so große Umsätze zu erzielen, wenn die beinahe perfektionierte Umsetzung der Corporate Identity des Unternehmens und die stimmige und auf die Kundenpsychologie angepasste Selbstdarstellung nicht zu dem einzigartigen Image in der Öffentlichkeit geführt hätte, das das Unternehmen aus Cupertino erreicht hat. Ohne technologische Innovationen hätte dieses Bild des Revolutionärs nicht aufrecht erhalten werden können, genauso wenig wie die Produkte ohne dieses Image als technologischer Höhepunkt unserer Zeit hätten verkauft werden können. Es ist also das Zusammenspiel von Technik, Marketing und Design, das Apples Produktankündigungen immer wieder die Presse und das Internet mit zahlreichen Stellungnahmen und umfangreichen Veröffentlichungen überfluten lassen.

Schließlich ist es egal ob ein Gerät wirklich mehr kann als der Rest - solange man davon überzeugt ist.

8. Anhang

8.1 Quellenverzeichnis

8.1.1 Print- und Internetquellen

Apple iPhone 3Gs - Technische Daten, http://www.apple.com/de/iphone/specs.html, 12.2.2010

Apple Human Interface Guidelines, http://developer.apple.com/mac/library/documentation/UserExperience/Conceptual/AppleHIGuidelines/XHIGIntro/XHIGIntro.html, 27.2.2010

Bild am Sonntag (31.1.2010): „Haben wir bald alle dieses Brett vorm Kopf?"

Bild Zeitung (29.1.2010):

- „Das kann das neue iPad von Apple"
- „Apple-Chef Steve Jobs"

CHIP Online (16.12.2009): „Android Market knackt die 20.000 Apps-Marke", http://www.chip.de/news/Android-Market-knackt-die-20.000-Apps-Marke_39436203.html, 14.2.2010

CIO (17.11.2009): „Windows Marketplace reveals fragmentation", http://www.cio.de/news/cio_worldnews/2215034/, 14.2.2010

Ehrmann, Stephan (2007): Jobs' nächster Coup. Apple drängt ins Handy-Geschäft und in die Wohnzimmer. In: c't. Heft 3/2007, S.18.

Frankfurter Allgemeine Zeitung (31.1.2010): „Wie das iPad unser Leben verändert"

Frankfurter Rundschau:

- 27.1.2010: „Tablet-Computer: Das kann das iPad"
- 28.1.2010: „iPad von Apple: Kann Steve Jobs zaubern?"

Google nexus one - Technische Daten, http://www.google.com/phone/static/en_US-nexusone_tech_specs.html, 12.2.2010

HTC HD2 - Technische Daten, http://www.htc.com/de/product/hd2/specification.html, 12.2.2010

Kerger, Peter (1997): Werben wie die Profis. 1. Aufl. Offenbach: GABAL Verlag

Monzel, Monika (2008): Werbepsychologie für Job und Alltag. Wie Werbung funktioniert. 1. Aufl. Berlin: Cornelsen Verlag

New York Times (25.1.2010): „With Apple Tablet, Print Media Hope for a Payday"

Süddeutsche Zeitung (27.1.2010): „Auch die Medienkonzerne werden gläubig"

Spiegel Online:

- 30.1.2002: „Apple-Fans: Macht Euch doch mal locker!", http://www.spiegel.de/netzwelt/web/0,1518,179746,00.html, 22.2.2010
- 15.8.2007: „Wütende Apple-Fans: Rettet die Apfeltaste", http://www.spiegel.de/netzwelt/tech/0,1518,499688,00.html, 22.2.2010

Wikipedia Artikel:

- Apple, http://de.wikipedia.org/wiki/Apple, 27.2.2010
- Apple II, http://de.wikipedia.org/wiki/Apple_II, 27.2.2010
- Apple iPod, http://de.wikipedia.org/wiki/IPod, 27.2.2010
- Corporate Identity, http://de.wikipedia.org/wiki/Corporate_Identity, 27.2.2010
- Microsoft, http://de.wikipedia.org/wiki/Microsoft, 27.2.2010
- Mooresches Gesetz, http://de.wikipedia.org/wiki/Mooresches_Gesetz, 27.2.2010
- Statussymbol, http://de.wikipedia.org/wiki/Statussymbol, 27.2.2010
- Vergleichende Werbung, http://de.wikipedia.org/wiki/Vergleichende_Werbung, 27.2.2010

Wölbert, Christian; Barczok, Achim (2010): Aufstand der Androiden. Googles Android gegen Apples iPhone OS. In: c't. Heft 6/2010, S. 124-133.

8.1.2 Videos

ARD nachtmagazin am 28.1.2010, http://vimeo.com/9042864, 28.2.2010

David Pogue says "Simplicity sells", http://www.ted.com/talks/david_pogue_says_simplicity_sells.html, 27.2.2010

Get a Mac Werbespots:

- Folge 9: „Work vs. Home", http://www.youtube.com/watch?v=jvlA7fhSDTY, 21.2.2010
- Folge 11: „Angel/Devil", http://www.youtube.com/watch?v=GdeKrbv_J_U, 21.2.2010
- Folge 19: „Goodwill", http://www.youtube.com/watch?v=HiQoXqGW_g8, 21.2.2010
- Folge 33: „Misprint", http://www.youtube.com/watch?v=zmwJdEXy15k, 21.2.2010
- Folge 38: „Breakthrough", http://www.youtube.com/watch?v=hTkuB4Qef70, 21.2.2010
- Folge 60: „Surprise", http://www.youtube.com/watch?v=yv4mIG741Ys, 21.2.2010
- Folge 66: „Teeter Tottering", http://www.youtube.com/watch?v=WH4rt2FWRUM&feature=channel, 21.2.2010

Videomitschnitt der Produktpräsentation des iPads am 27.1.2010, http://events.apple.com.edgesuite.net/1001q3f8hhr/event/index.html, 21.2.2010

8.1.3 Abbildungen

Apple-Logo auf der Titelseite: http://www.homotron.net/images/homotron/apple_chrome_logo_small.jpg, 26.2.2010

Abb. 1: Foto des iPads: Apple iPad Fotogalerie, http://www.apple.com/ipad/gallery/, 27.2.2010; Foto des MacBook Pro: Apple Mac Comparison Chart, http://www.apple.com/mac/whichmacbook/compare.html, 27.2.2010; Foto des iMac: Apple Get a Mac, http://www.apple.com/getamac/whichmac/, 27.2.2010

Abb. 2: Screenshot des Videos „Get a Mac - Misprint" (00:02), http://www.youtube.com/watch?v=K5M6RddZjBI, 21.2.2010

Abb. 3: Screenshot des Videos „Get a Mac - Now What?" (00:18), http://www.youtube.com/watch?v=tlU3BHJFztY, 21.2.2010

Abb. 4: Apple Store Paris vor Eröffnung, http://www.macgadget.de/News/2009/11/06/Apple-Store-Paris-vor-Eröffnung, 21.2.2010

Abb. 5: Foto des iPhone 3Gs: Apple iPhone Fotogalerie, http://www.apple.com/de/iphone/gallery/, 21.2.2010; Foto des Google nexus one: Google nexus one feature overview, http://www.google.com/phone/static/en_US-nexusone_tech_specs.html, 21.2.2010; Foto des HTC HD2: HTC HD2 Fotogalerie, http://www.htc.com/de/product/hd2/gallery.html, 21.2.2010

Abb. 6: Screenshot bei geöffnetem Programm „Interface Builder", kostenlos verfügbar unter http://developer.apple.com/iphone/, 21.2.2010